Il silenzio

Un capolavoro di Ingmar Bergman

Saggio

Salvatore M. Ruggiero

Il silenzio
(1963)

(Titolo originale: *Tystnaden*

titolo in inglese: *The silence*)

a tutti quelli che amano il silenzio e hanno
amato ...Il silenzio.
(e che, probabilmente, sono le stesse
persone)

Una frase

"Il silenzio *originariamente si chiamava Timoka. Avvenne per pura combinazione. Vidi la parola su un libro estone, senza sapere cosa significasse. Pensavo che fosse un bel nome per una città straniera. La parola significa:* appartenente al boia.[1]"

---

1   Ingmar Bergman, *Immagini*.

PROLOGO

Per alcune soluzioni e scelte artistiche e tecniche *Il silenzio* è un film che rappresenta una pietra miliare nella filmografia di Ingmar Bergman.

Per l'uso del bianco e nero, ancora una volta folgorante, che il regista e Sven Nyqvist hanno saputo elaborare[2].

Per il ricorso frequente, nelle riprese, ai primi e ai primissimi piani.

Per la quasi completa rinuncia ai dialoghi, punto di forza di tutti i film precedenti di Ingmar Bergman.

Per la durezza del contenuto e per l'estrema audacia di certe scene, considerate, da alcuni, ai limiti della pornografia.

---

2   *"Forse a questo si riferisce Jacques Aumont, (ne L'occhio interminabile, Venezia, Marsilio, 1991) quando parla delle ...mille astuzie di cui danno prova un Bergman o un Tarkovsky per far vedere la luce divina in un film."*

Terzo film della cd. *Trilogia religiosa* (o *di Dio*, o *del silenzio di Dio*) dopo *Come in uno specchio*[3] e *Luci d'inverno*[4].

Lo stesso Ingmar Bergman, che era solito suggerire l'analisi singolare dei suoi film, sembrò invece, accomunare questi tre nella classificazione che segue: *"Questi film trattano di una riduzione:* Come in uno specchio: (rappresenta, n.d.A.) *una certezza conquistata;* Luci d'inverno: (rappresenta, n.d.A.) *una certezza messa a nudo;* Il silenzio (che doveva chiamarsi *Il silenzio di Dio*, ma il titolo fu considerato dallo stesso autore: ...*"impossibile per un film"*): (rappresenta, n.d.A.) *la copia in negativo. Perciò* (i tre film, n.d.A.) *formano una trilogia."*

Lo stesso Ingmar Bergman smentì se

3 Sasom i en spegel, 1960.
4 *Nattsvardgasterna,* 1962-'63.

stesso, successivamente, scrivendo nel suo libro-diario[5]: *"Scrissi queste cose nel maggio 1963. Oggi penso che l'idea della trilogia non abbia né capo né coda. Era una Schnaps-idee, come dicono i bavaresi."*

Sul tema della incomunicabilità, rappresentata da una città straniera dove si parla una lingua incomprensibile, torna lo stesso regista: *"La città straniera era un motivo che mi seguiva da tempo. Prima de* Il silenzio *avevo scritto un film che rimase incompiuto. Raccontava di una coppia di acrobati che perdeva un partner e finiva congelata in una città tedesca, Hannover o Duisburg. Siamo alla fine della seconda guerra mondiale. Durante ripetuti bombardamenti i loro contatti vanno perduti. Quì si nasconde non solo* Il silenzio *ma*

---

5   Ingmar Bergman, *Immagini.*

anche L'uovo del serpente[6]. *La perdita del partner si muove come un'ombra anche ne* Il rito[7]. *A voler guardare in profondità credo di poter dire che il motivo della città proviene originariamente da un racconto di Sigfrid Siwertz*[8]. *Nella raccolta* Il circolo, *del 1907, ci sono dei racconti che si svolgono a Berlino. Uno di essi, che s'intitola* La tenebrosa dea della vittoria, *deve aver colpito fortemente la mia giovane coscienza.*[9]"

---

6 *Ormens agg (The serpent's edge,* 1976).
7 *Riten,* 1967.
8 Scrittore svedese, nato e morto a Stoccolma (1882-1970).
9 Ingmar Bergman, *Immagini.*

SINOSSI E SCENEGGIATURA[10]

In uno scompartimento ferroviario viaggiano, di ritorno in patria, dopo un lungo viaggio di villeggiatura all'estero, due sorelle: Ester[11] ed Anna[12], e il figlio di questa, Johan[13] (ovviamente nipote della prima).

Il caldo è soffocante e procura un malore ad Anna, già gravemente malata. Si rende urgente la discesa dal treno alla prima stazione e una sosta in un albergo della città di Timoka, dove si parla una lingua incomprensibile, perfino per Anna che è una traduttrice.

ESTER: *Non è niente di grave. No,*

---

10 In questo libro i dialoghi tra i personaggi sono in corsivo, come pure la descrizione della scena. Tutto ciò che non è in corsivo è frutto della scrittura dell'autore.
11 Interpretata da Ingrid Thulin.
12 Interpretata da Gunnel Lindblom.
13 Interpretato da Jorgen Lindstrom, lo stesso che comparirà, qualche anno dopo, in alcune immagini del Prologo di *Persona* (1966).

non voglio andare in ospedale, voglio solo riposarmi una giornata in albergo.

Lasciata Ester ed il figlio in albergo, Anna si reca in un locale dove in un angolo vede due persone che fanno sesso pubblicamente e in modo disinibito.

...Anna sbadigliando osserva questi lazzi bizzarri e accende una sigaretta. Improvvisamente il suo interesse viene attratto dall'uomo e dalla donna. Ora riesce a vederli meglio, i suoi occhi si sono abituati all'oscurità. L'uomo è alto e magro, ha i capelli radi divisi da una scriminatura, le sopracciglia sono folte e si addensano sugli occhi, celandone l'espressione. La donna è piuttosto piccola di statura, ha un viso pallido e rotondo con grandi labbra sporgenti, capelli tinti, che cadono in ciuffi arruffati attorno alle orecchie e giù sulle spalle cadenti. L'uomo si è

messo in ginocchio sul pavimento e le ha sollevato la blusa, scoprendole il seno piccolo e tondo; lei afferra le orecchie di lui e preme il viso dell'uomo contro il suo ventre. La donna poi si china in avanti, allunga le sue corte e grasse braccia verso l'inguine dell'uomo e inizia a sbottonargli i pantaloni, respira con affanno come se stesse compiendo un grande sforzo. I suoi capelli ossigenati cadono sul viso di entrambi. Con un movimento violento l'uomo si alza, abbraccia la donna che rimane completamente immobile, la solleva dalla sedia e si siede inclinato all'indietro mentre lei cerca brancolando l'orlo della gonna e la tira su contro il ventre, le sue cosce grasse biancheggiano nell'oscurità. Ora la donna si appoggia con violenza contro la transenna mentre le sue mani cercano insistentemente un appoggio sulle ginocchia di lui. Il viso dell'uomo è reclinato e il grande pomo d'Adamo si solleva come una nodosità che stia per fare esplodere la pelle sottile. Il riflesso della luce dello schermo balugina sui loro movimenti brancolanti e violenti. Anna, pigiata contro la parete, tiene gli occhi fissi sulla scena inconsueta. Ha una mano alzata con la sigaretta, il cui fumo si innalza attraverso il chiarore verso il soffitto nero. Dall'altoparlante si odono i discorsi incomprensibili del clown, di tanto in tanto intercalati da qualche brontolio e da qualche accordo. Anna si alza, le cade la sigaretta, cerca l'uscita a tentoni e si trova nello stretto e sudicio vestibolo dai manifesti vistosi e dalle sgargianti fotografie di stelle sconosciute. Si appoggia alla parete, le gira la testa e si sente il corpo pesante e affaticato. Qualcuno la osserva con indifferenza e lei si avvia verso la luce grigia e soffocante del pomeriggio. Svogliata e confusa segue il flusso dei pedoni verso il bar. Giunta in prossimità dei tavoli all'aperto si ferma a guardare intorno come in cerca di qualcosa. Il cameriere è fra i tavoli e conversa con un collega anziano. Dapprima sembra non accorgersi di lei, ma poi volta la testa e, pur continuando a parlare, la osserva.[14]

Anna, eccitata dalla scena alla quale ha assistito, si offre al barista che la guarda.

Quando il figlio di Anna, Johan rivela ad Ester che ha visto la madre baciarsi col cameriere, Ester ha un crollo.

ESTER: *Penso che dobbiate partire questa sera, c'è un treno fra qualche ora.*

ANNA: *E tu?*

---

14 Dalla sceneggiatura originale del film.

ESTER: *Io resto.*

ANNA: *Non ti possiamo lasciare in questo stato.*

ESTER: *È meglio cosi. Voi avete bisogno di ritornare a casa. Ora in ogni caso, non ce la faccio a viaggiare, forse fra un paio di giorni.*

Silenzio. La musica vaga attraverso il crepuscolo. Johan manda un profondo sospiro.

ANNA: *Che musica è?*

ESTER: *Bach. Johann Sebastian Bach.*

Anna si alza e si mette a passeggiare nella camera, è impaziente ma si controlla. Ester la segue con lo sguardo, infine non riesce più a frenarsi, si protende verso la radio e la spegne. Silenzio ostile. Anna cerca la borsetta e i guanti.

ANNA: *Esco un momento.*

Nessuna risposta.

ANNA: (più impaurita) *Oggi fa anche*

così caldo. Tu sai, io non sopporto...
Nessuna risposta. Anna si avvia verso
la porta, mette la mano sulla maniglia.
Johan la guarda meravigliato.
ANNA: *Ritorno subito.*
Johan annuisce ma ha l'aspetto triste.
ANNA: *Ti darò dei bei soldini se fai*
compagnia a Ester. Le puoi leggere
qualcosa ad alta voce.
ESTER: *Vattene ora, altrimenti ti metti*
a gridare per il rimorso. (Pausa).
Vattene subito.
Anna butta la borsetta sulla sedia,
entra nella camera e si siede sul letto,
dirimpetto a Ester, si strofina con le
dita il collo e il mento.
ANNA: *Tu, credi tu di avere un senso?*
Cioè che sia importante quello che tu
fai e quello che tu dici?
Ester si guarda le gambe e scrolla le
spalle.
ANNA: *Chi ti ha dato questa illusione*
che devi essere tu a decidere?

ESTER: (freddamente) *Non riesci a cavartela da sola.*

ANNA: *Tu credi di poter decidere di me precisamente come nostro padre, ma ti sbagli.*

Ester tace.

ANNA: *Tu credi che io sia stupida? Eh?*

ESTER: (sorride) *Io non credo che tu sia stupida.*

Ester si appoggia all'indietro sulla scomoda sedia e stira le braccia al di sopra della testa toccando la parete con le dita. Anna si rivolge al figlio, il suo tono di voce è cambiato.

ANNA: *Puoi andare nell'altra camera un momento e chiudere la porta in modo che io possa parlare da sola con Ester?*

Johan si alza profondamente turbato, rimane incerto.

JOHAN: *Non dovevo leggere ad alta voce per Ester?*

ANNA: *Fra poco.*

JOHAN: *Vado per un momento nel corridoio.*

ANNA: *Sì, ma non andare troppo lontano. Johan guarda la madre col viso amareggiato. No, non andrà troppo lontano, deve rimanere nelle vicinanze, nel caso che lei volesse chiamarlo. Ma ora non vuole saperne di lui, lui deve scomparire di colpo. E così succede. Le due donne restano sole nella penombra, che ben presto diventa oscurità. La luce dalla strada forma grosse ombre sul soffitto e sulle pareti. La camera diventa come un acquario. Ester si è versata del cognac e lo sorseggia lentamente.*

ESTER: *Dove sei stata tutto il pomeriggio?*

ANNA: *Ho passeggiato per la città.*

ESTER: *Dove sei andata?*

ANNA: *Qui vicino.*

ESTER: *È stata una lunga*

passeggiata.

ANNA: *Non volevo ritornare all'albergo.*

ESTER: *Perché non lo volevi?*

ANNA: *Non ne avevo voglia.*

ESTER: *Tu menti.*

ANNA: *Non ha importanza.*

ESTER: *Che cosa hai fatto?*

ANNA: *Se non lo capisci da te, allora sei stupida.*

Ester resta in silenzio per alcuni momenti, fuma una sigaretta, guarda fuori della finestra, sorride sprezzante.

ESTER: *Dove hai trovato quell'uomo?*

ANNA: *Al bar, dall'altra parte della strada.*

Anna guarda la sorella con un sorriso.

ANNA: *Devo raccontare i dettagli?*

ESTER: *Rispondi alle mie domande.*

ANNA: *Ti ricordi dieci anni fa, quell'inverno in cui abitavamo a Lione con nostro padre? E io ero andata a letto con Claude? Ti ricordi che tu mi interrogasti allo stesso modo anche quella volta? E che mi graffiasti al braccio e minacciasti di dirlo a nostro padre? Se io non raccontavo tutto nei dettagli?*

Ester è tormentata.

ANNA: *Sono andata in un cinema e mi sono seduta in un palco nella parte posteriore della sala. Là c'erano un uomo e una donna che hanno incominciato a fare l'amore proprio davanti a me. Quando hanno terminato, sono usciti dal locale. Dopo un momento è venuto il ragazzo del bar, si è messo a sedere vicino a me e ha cominciato ad accarezzarmi le cosce. Dopo abbiamo fatto l'amore sul pavimento. Per questa ragione mi sono sporcata il vestito.*

ESTER: *È vero quello che dici?*

ANNA: *Perché dovrei mentire?*

ESTER: (sordamente) *Già, perché dovresti mentire?*

ANNA: *Anche se ora ti ho in parte mentito.*

ESTER: *Non importa.*

Ester si è sprofondata in una grigia spossatezza con una smorfia tormentata.

ANNA: *Ho guardato quella coppia che faceva l'amore, poi sono uscita di là e sono andata nel bar, poi il ragazzo mi ha seguita, ma non sapevamo precisamente dove andare e così siamo entrati in chiesa e là abbiamo fatto l'amore in un angolo oscuro, dietro due grosse colonne. A ogni modo non faceva caldo.*

ESTER: (dopo una pausa) *Vi incontrerete ancora?*

ANNA: *Dovevo andare da lui ora quando tu hai cominciato a parlare. Mi aspetta.*

ESTER: *Capisco.*

ANNA: *Devo fare in modo di avere il tempo di togliermi i vestiti questa*

volta.
Ester è seduta vicino alla lampada della scrivania con il viso voltato dall'altra parte e con le spalle alzate. Accende e spegne.
ESTER: *Perché ci dobbiamo tormentare?*
ANNA: *Tu non mi tormenti.*
Ester si gira e Anna vede le guance gonfie e arrossate della sorella, gli scuri occhi imbambolati, la bocca aperta e tremante.
ANNA: *Non devi coricarti?*
ESTER: (stanca) *Sì, certo.*
Sdraiata sul letto trattiene Anna con le braccia magre e forti, preme la sua bocca febbricitante contro il suo collo. Anna si libera.
ESTER: *Siediti accanto a me sul bordo del letto.*
Anna scuote la testa.
ESTER: *Solo per un istante.*
Anna prende la borsetta dalla sedia e

si siede ai piedi del letto, in attesa.
ANNA: *Allora?*
ESTER: *Lo devi incontrare?*
Anna fa cenno di sì col capo.
ESTER: *Non puoi fare a meno di incontrarlo. Solo per questa sera?*
Anna tace.
ESTER: *Questo mi tormenta.*
ANNA: *Perché?*
ESTER: *Perché... Perché mi sento umiliata. Tu non devi credere che io sia gelosa.*
Le ultime parole in un sussurro, lo sguardo spalancato con la mano che cerca brancolante la mano di Anna.
ANNA: *Ora devo andare.*

Anna decide di proseguire il viaggio, abbandonando la sorella alla malattia e, forse, alla morte. Ha appena terminato di fare le valige. Johan siede sul pavimento con il suo libro.

ANNA: *Johan e io usciamo e andiamo*

qui accanto a mangiare un boccone.

Ester fa cenno con la testa senza rispondere.

ANNA: *Dopo pago il mio conto e quello di Johan.*

Ester chiude gli occhi.

ANNA: *Partiamo con il treno delle due.*

Ester fa cenno con la testa.

ANNA: *Al più presto possibile arriverà un medico. Non so, non capisco una parola ma sembra che...*

ESTER: *Grazie.*

ANNA: (tormentata) *Fa un caldo terribile.*

Sottili gocce di sudore le imperlano le guance e il labbro superiore.

ESTER: *Che profumo ti sei messa?*

ANNA: *Quello che mi hai regalato.*

ESTER: *Non devi usarne molto quando fa caldo.*

Anna va nella camera attigua, dice qualcosa a Johan che chiude subito il

*libro. È già vestito per il viaggio e si
tira su i calzettoni.*
JOHAN: *Arrivederci, allora. Sarò
presto di ritorno.*
ESTER: *Arrivederci.*
*Anna e Johan parlano a bassa voce
vicino alla finestra, poi escono nel
corridoio e chiudono a chiave la loro
camera.*
Anna e Johan hanno raggiunto la
stazione ferroviaria e sono saliti sul
loro treno.
*Anna e Johan sono soli nello
scompartimento. Siedono nel proprio
angolo senza scambiarsi parola. Lei
ha un libro sulle ginocchia ma non
legge. Lui ha tirato fuori la lettera di
Ester e la sta esaminando.*

ANNA: *Che cos'è?*
JOHAN: *Ester mi ha scritto una
lettera.*
ANNA: (sospettosa) *Una lettera?
Fammi vedere.*

Johan le porge controvoglia la carta spiegazzata con le incomprensibili parole straniere. Anna si stringe nelle spalle, la restituisce al figlio. Lui la prende e legge bisbigliando. Si fa sempre più scuro e la pioggia sferza i finestrini. Anna ne apre uno e lascia che l'acqua le spruzzi le mani e il viso.

Il viso di Johan è pallido per lo sforzo di capire questa lingua straniera. Questo messaggio segreto.

Nelle mani di Johan appare la lettera scritta dalla zia sulla quale c'è scritto: *"Per Johan".*

E il bambino vi legge la parola sconosciuta: *Hadjek.* Che vuol dire anima, parola ricorrente nella filmografia di Bergman sotto la diversa forma di: *Alma.*

Diverse figure femminili si chiamano Alma[15] e sono le protagoniste nei film

---

15 *"Nome insolito e nobile"* come dice un ospite del castello nel film *L'ora del lupo,* 1966.

di Ingmar Bergman. Le più famose ed importanti sono due: l'Alma del film *Persona*[16] (l'infermiera, brava e bella interpretata da Bibi Andersson), l'altra Alma di cognome Borg (Liv Ullman che interpreta la moglie del pittore Johan Borg- Max von Sydow) ne *L'ora del lupo*[17].

Ma *alma,* soprattutto, "*può avere un duplice etimo: può derivare dal sostantivo latino* anima, *oppure dall'aggettivo* alma*: chi alimenta, chi nutre.*[18]"

---

16 *Persona,* 1966.
17 *Vargtimmen,* 1966.
18 Giovanni Invitto, "*Tempi del cinema, tempi nel cinema. Tra filosofia e psicoanalisi.*

RECENSIONE

Molteplici, come sempre quando ci si appresta ad analizzare un'opera del Maestro, gli spunti di riflessione offerti dal film. Esso si presta, come al solito, trattandosi di un'opera tra le più complesse di Bergman, a diverse chiavi di lettura. Quella che io personalmente prediligo è la chiave autobiografica. Ingmar Bergman, come accade spesso con le sue opere si appresta a una vera seduta di auto-psico-analisi. Le due protagoniste del film Anna ed Ester[19] incarnano due diversi tipi di donna; due caratteri contrapposti che potrebbero essere contenuti in un'unica figura femminile, in pratica due essenze femminine. Anna è la donna sensuale, corporale, fisica, ama il sesso, quasi ai limiti della

---

19 Interpretate rispettivamente da Gunnel Lindblom ed Ingrid Thulin: non a caso due tra i più fulgidi esempi di attrice bergmaniana.

ninfomania. Ester è la donna lucida mentalmente ed intellettualmente, che domina i suoi istinti basici, ma è malata, sofferente, cagionevole.

I caratteri contrapposti delle due donne, sembrano confluire nell'unica, complessa personalità del regista. A loro volta incarnano il femminino del Maestro: lucido ma sofferente; psicologicamente vivo ma fisicamente provato; intollerante all'autorità ma eticamente saldo; casto e libertino al contempo; contenitore di grosse contraddizioni.

Come al solito, trattandosi di un'opera di Ingmar Bergman, il film fu accolto all'epoca della prima uscita da pareri alternanti e critiche contrastanti. Chi gridò fin da subito al capolavoro, apprezzando ed elogiando lo stile potente, rigido, austero, rigoroso del racconto. Chi gridò allo scandalo, per via di alcune scene molto audaci per gli standard dell'epoca. Ed in effetti il film incontrò seri problemi per l'ottenimento dei visti dalla commissione censura. Ci fu pure chi lo accolse con delusione. Perché si aspettava che Ingmar Bergman avesse fornito un passo avanti nella ricerca di Dio ma, invece, dovette ricredersi. Aveva solo fornito, probabilmente, un passo avanti nello studio del problema della incomunicabilità umana.

Chi lo stroncò additandone gli *"eccessi espressivi"* e stigmatizzandone gli *"urli espressionistici"*. Come li definì, apertamente, Mario Verdone, che definì Ingmar Bergman... *"un teppista nei confronti degli spettatori, un maleducato come chi al ristorante rutta, un caso patologico come i suoi personaggi*[20].

---

20 Mario Verdone, *Il silenzio, in Bianco e nero.*

Chi, addirittura, inscenò delle proteste pittoresche ancorché anonime: "*Dopo l'uscita de* Il silenzio *ricevetti una lettera anonima, piena di carta igienica sporca; potete immaginare dunque come il film, che per gli standard odierni sembra piuttosto innocuo, fu ritenuto molto ardito. Ci furono persino delle persone che mi telefonarono minacciando la mia vita e quella di colei che era mia moglie a quel tempo.[21]*"

Oltre alle polemiche e alle accuse di pornografia, il film ebbe anche problemi di censura che riguardarono in particolare due scene alquanto spinte: "*Si tratta di una scena hard per Anna che viene recitata insieme a Birger Malmsten (un "congresso carnale" appassionato e tormentato). L'altra riguarda l'inizio di un atto auto-erotico da parte di Ester. E' facile*

---

21 Ingmar Bergman, *Immagini*.

immaginare gli interventi censori (che sono avvenuti) tanto in Svezia quanto in Italia.[22] "

Ingmar Bergman, caso abbastanza strano, stavolta non da eccessivi indizi sul film, né sulle diverse chiavi interpretative: *"Tocca, dunque, agli spettatori del film riflettere sulle tante metafore di* Il silenzio. *Timoka come luogo dove gli individui vagano senza meta, senza parlarsi e dove nelle vie appaiono carri armati pronti alla guerra.*[23] " Qualche critico, a tale proposito, ha rinvenuto in questo film l'affioramento dei prodromi di una certa posizione anti-bellica che Ingmar Bergman cominciava a fare sua e che riprese compiutamente nel suo *La vergogna* [24] che viene considerato, e a ragione, la sua personale presa di

---

22 Claudio Papini, *Ben ritrovato, Ernst Ingmar!*.
23 Aldo Garzia, *Bergman, The Genius*.
24 *Skammen*, 1967.

posizione pubblica contro tutte le guerre e il suo personale e definitivo manifesto anti-bellico.

In realtà Ingmar Bergman sembra affermare, attraverso i dialoghi del film che chi si allontana da Dio, chi abbandona la fede, chi perde i suoi valori spirituali si abbandona al vizio, al peccato e all'egoismo. Ma non si può certo affermare che faccia, né tanto meno che voglia farlo lungo, un discorso su Dio.[25]

In effetti, Dio è citato, nel film, direttamente o indirettamente, solo tre volte.

– Quando Ester ricorda con un monologo la morte del padre. *"Ora è l'eternità"* le disse

---

25 *"Il film* - confidò Bergman a Sjöman prima di cominciare le riprese - *si farà l'eco del tumulto che si produce tra il corpo e l'anima quando Dio è assente»* (Vilgot Sjöman, *Journal des communiants*)

l'uomo guardandola negli occhi.

– Nella preghiera di Ester: *"Mio Dio fate che arrivi a casa prima di morire"*.

– Con la parola Hadjek (anima) che il bambino Johan legge sull'appunto datogli dalla zia Ester, prima che lui e la madre ripartano.

Ma che significa Timoka, cosa rappresenta? Timoka è la metafora del Mondo. Il suo mistero e la sua incomprensibilità. E' la proiezione fisica di un posto popolato da una umanità avvilita[26], che non può o non vole comunicare, ed è avviato

---

26 *"Venendo dopo* Luci d'inverno, *il film è la dolorosa presa di coscienza che un umanesimo senza Dio è impossibile - scrive il gesuita Luigi Bini - L'umanità imputridisce nella morte e nella lussuria quando è abbandonata dall'anima, cioè dai valori dello spirito."*

all'isolamento e alla guerra, come unica soluzione delle controversie.

Di qui i nemmeno tanto allusi riferimenti agli strumenti bellici.

Di qui anche l'uso di una lingua incomprensibile. Che prelude alla negazione del rapporto dialogico. E, che, paradossalmente, non può essere capita nemmeno dalla donna, Anna, che professionalmente fa l'interprete.

L'altoparlante incomincia a strepitare dal fondo del corridoio, ed una voce dice rapidamente ma chiaramente: TIMOKAN RETJE FEL SIS TIMOKAN RETJE FEL SIS.[27]

E così ci ritroviamo anche davanti al solito, ricorrente paradosso di Ingmar Bergman della professionalità irrisa e derisa.

"Ester, che è una traduttrice, non

---

27 Dalla sceneggiatura originale del film.

riesce a capire la lingua parlata nella città. Una persona che ha come missione quella di aiutare gli altri a comunicare tra loro diviene vittima dell'incomunicabilità. Muore sola, tra gente che non è in grado neppure di capire quello che dice.[28] "

Altro esempio, dopo quello, ben più esplicito, riscontrato ne *Il volto[29]*. Nel quale il dottor Vergerus (interpretato da Erland Josephson) viene irriso e deriso dal Mago Emanuel Vogler (interpretato da Max von Sidow).

E ancora altri esempi si riscontrano in *Luci d'inverno[30]*, dove chi cerca Dio, dopo aver perso la fede, è la stessa persona che avrebbe dovuto trovarlo prima degli altri: a decretare il fallimento della fede, quindi della religione, è un sacerdote protestante,

---

28 Sergio Trasatti, *Ingmar Bergman*.
29 *Ansiktet,* 1958.
30 *Nattsvardgasterna*, 1961-62.

Tomas. Esattamente come a decretare il fallimento della psicanalisi fu un grande psichiatra in *L'immagine allo specchio*[31] e lo scrittore David dichiarò, invece, il fallimento della poesia in *Come in uno specchio*[32].

L'idea di una città misteriosa e sconosciuta, dove si parla una lingua incomprensibile deriva a Ingmar Bergman da una raccolta di racconti dello scrittore Sigfried Siwertz, letti da bambino. Si chiamava *Il circolo* del 1097; mentre il racconto ispiratore s'intitolava *La tenebrosa dea della vittoria*.

Ma anche Stoccolma, vista da Ingmar Bergman con occhi da bambino contiene molti spunti curiosi sui quali si fonda l'immagine e la costruzione della misteriosa città di Timoka.

---

31 *Ansikte mot ansikte*, 1975.
32 *Sasom i en spegel*, 1960

Lo stesso Maestro racconta nel suo libro-diario *Immagini* quando da bambino passeggiava nel quartiere di Birger-Jarl, dove si aprivano sulla strada tanti curiosi negozietti nelle cui vetrine si divertiva a cogliere espliciti o nascosti riferimenti erotici: protesi; busti; pompette uterine e stampati vagamente pornografici.

"Ne Il silenzio *io e Sven* (Nyqvist, direttore della fotografia, n.d.A.) *avevamo deciso di essere spudoratamente impudichi. Là c'era una lussuria cinematografica che ricordo con gioia. Era semplicemente divertente, in modo pazzesco, fare* Il silenzio. *Inoltre le attrici erano dotate, disciplinate e quasi sempre di buon umore. Che* Il silenzio, *in certo qual senso, sia diventato la loro disgrazia, questa è un'altra storia. Il film fece sì che i loro nomi divenissero internazionalmente noti. E l'estero,*

come al solito, si degnò di fraintendere la peculiarità del loro talento."

Infine, la musica. Nel film l'unica parola sulla quale pare stringersi il cerchio della comunicativa: la parola Bach. Che, come allude nella scena in cui Anna incontra il cameriere è l'unica scritta allo stesso modo in tutte le lingue.

Compare uno strillone con sotto il braccio il pacco dei giornali; Anna ne acquista uno e dà un'occhiata distratta ai titoli incomprensibili. Si sofferma a esaminare un annuncio sul quale è scritto a grandi caratteri J. S. BACH.

Ed è anche la parola alla quale Ingmar Bergman pare attribuire una funzione salvifica, quando fa scrivere nel diario di Ester: *"Abbiamo ascoltato BACH. Un momento di pace. Non avevo paura di morire."*

CURIOSITA'

Infine, voglio chiudere questo saggio monografico citando alcune piccole curiosità sul film.

Lo stile dell'immagine in *Il silenzio*, in *Come in uno specchio* e in *Luci d'inverno* è austero, per non dire casto. I movimenti di macchina pochi, corti, essenziali. Tipici di un certo stile di cinema da camera bergmaniano[33].

Un agente di distribuzione americano, un po' sprovveduto ma anche un po' invadente, un giorno domandò al Maestro, con voce disperata: *"Ingmar, why don't you move your camera anymore?[34]"*

L'altra curiosità riguarda un gustoso quanto pruriginoso aneddoto avvenuto sul set del film e si riferisce alle preziose mutandine che Gunnel

---

33 *Kammerspielfilm.*
34 Ingmar Bergman, *Immagini.*

Lindblom non volle togliersi.

Durante una delle scene *hot* del film...
"Bergman voleva che Gunnel Lindblom ad un certo punto recitasse priva di mutandine. La bella Gunnel per pudicizia sua e perché tenuta d'occhio da un fidanzato geloso, oppose un netto rifiuto e non cambiò idea nonostante la rimarchevole incavolatura del regista, che asserisce poi, la sospettosa attrice (forse, a ragione) deve essersela legata al dito.[35]"

Si è detto in altra parte del libro come Ingmar Bergman ricavò delle idee per il suo film da un racconto dello scrittore svedese Sigfrid Siwertz, a tale proposito scrive ironico il regista: *"...Quel racconto diventò lo stimolo a un sogno ricorrente: mi trovo in una grande città straniera. Sono in*

---

35 Raccontata da Claudio Papini nella nota n.249 a pagina 132 del libro citato in bibliografia.

cammino verso una parte della città dove c'è il proibito. Non si tratta soltanto di loschi quartieri di piacere, ma di peggio. Là sono le stesse leggi della realtà e le regole della vita sociale ad essere abolite. Tutto può succedere e tutto succede. Ho fatto questo sogno più e più volte. La cosa irritante era che io ero in cammino verso il proibito, ma non ci arrivavo mai. Mi capitava sempre di svegliarmi o di cambiare sogno.[36]"

Infine un commento, con interpretazione autentica, del regista sul suo film, a distanza di qualche tempo: "Quando oggi rivedo Il silenzio, devo ammettere che in qualche parte risente di una certa letterarietà ... Per il resto non ho alcuna recriminazione da fare.[37]"

---

36 Ingmar Bergman, *Immagini*.
37 Ingmar Bergman, *Immagini*.

NOTIZIE SUL FILM

Titolo originale	*Tystnaden*
Lingua originale	Svedese
Paese di produzione	Svezia
Anno	1963
Durata	96 minuti
Colore	B/N
Audio	sonoro (mono)
Rapporto	1,37 : 1
Genere	drammatico
Regia	Ingmar Bergman
Soggetto	Ingmar Bergman
Sceneggiatura	Ingmar Bergman
Produttore	Allan Ekelund
Casa di produzione	Svensk Filmindustri (SF)
Fotografia	Sven Nykvist
Montaggio	Ulla Ryghe
Musiche	Ivan Renliden
Scenografia	P. A. Lundgren
Costumi	Marik Vos-Lundh (come Marik Vos) Bertha Sånnell
Trucco	Börje Lundh-Gullan Westfelt

PERSONAGGI E INTERPRETI

Ingrid Thulin Ester
Gunnel Lindblom Anna
Birger Malmsten il barista
Håkan Jahnberg il maître dell'albergo
Jörgen Lindström Johan
Lissi Alandh la donna del varietà
Karl-Arne Bergman il ragazzo che
distribuisce i giornali
Leif Forstenberg l'uomo del varietà
Eduardo Gutiérrez impresario dei
nani
Eskil Kalling proprietario del bar
Birger Lensander portinaio
Kristina Olausson Anna (controfigura
di Gunnel Lindblom)
Nils Waldt cassiere
Olof Widgren un vecchio

BIBLIOGRAFIA

Ingmar Bergman, *Immagini.*

Ingmar Bergman, *Lanterna magica.*

Jacques Aumont, *L'occhio interminabile*

Claudio Papini, *Ben ritrovato, Ernst Ingmar.*

Giovanni Invitto, *Tempi del cinema, tempi nel cinema. Tra filosofia e psicoanalisi.*

Mario Verdone, *Il silenzio, in Bianco e nero.*

Aldo Garzia, *Bergman, The Genius.*

Salvatore M. Ruggiero, Il genio di Uppsala,Il grande cinema di Ingmar Ernst Bergman spiegato a chi lo ignora.

INDICE

www.ingramcontent.com/pod-product-compliance
Lightning Source LLC
Chambersburg PA
CBHW071300280526
45788CB00004B/1795